Mr Nadeem

Segurança dos elementos das redes de telecomunicações ópticas

AF625324

Mr Nadeem

Segurança dos elementos das redes de telecomunicações ópticas

ScienciaScripts

Imprint
Any brand names and product names mentioned in this book are subject to trademark, brand or patent protection and are trademarks or registered trademarks of their respective holders. The use of brand names, product names, common names, trade names, product descriptions etc. even without a particular marking in this work is in no way to be construed to mean that such names may be regarded as unrestricted in respect of trademark and brand protection legislation and could thus be used by anyone.

Cover image: www.ingimage.com

This book is a translation from the original published under ISBN 978-3-659-88829-8.

Publisher:
Sciencia Scripts
is a trademark of
Dodo Books Indian Ocean Ltd. and OmniScriptum S.R.L publishing group

120 High Road, East Finchley, London, N2 9ED, United Kingdom
Str. Armeneasca 28/1, office 1, Chisinau MD-2012, Republic of Moldova, Europe
Managing Directors: Ieva Konstantinova, Victoria Ursu
info@omniscriptum.com

Printed at: see last page
ISBN: 978-620-8-56348-6

Copyright © Mr Nadeem
Copyright © 2025 Dodo Books Indian Ocean Ltd. and OmniScriptum S.R.L publishing group

Conteúdo

Agradecimentos

Em primeiro lugar, inumeráveis agradecimentos a **Alá Todo-Poderoso**, único Criador de toda a humanidade e do universo, por me ter dado a capacidade e a sabedoria e, graças à Sua bênção e orientação, pude realizar com êxito a minha tese de mestrado.

Gostaria de agradecer especialmente, do fundo do coração, ao meu orientador, Dr. Muhammad Ali, pelo seu enorme apoio e orientação passo a passo na resolução das dificuldades encontradas durante o meu projeto. O seu notável encorajamento tornou possível a conclusão da tarefa

Dr. Naeem Ayaz, Dr. Muhammad Tahir e Dr. Kashif Javid pelas suas valiosas sugestões para melhorar o meu trabalho

Prefácio

O objetivo básico deste trabalho de investigação é assegurar o reforço e o fornecimento do novo sistema de segurança no equipamento de telecomunicações exterior para proteção do seu equipamento.

O primeiro capítulo inclui a introdução da rede de acesso nos sectores das telecomunicações. O segundo capítulo fornece a descrição detalhada do risco de segurança presente nas redes de telecomunicações e apresenta as técnicas disponíveis. O capítulo 3 apresenta o pormenor da estrutura de hardware desenvolvida para a resolução dos problemas. O capítulo 4 apresenta a estratégia de solução de software para o problema referido no capítulo anterior. No último capítulo 5 são apresentadas as conclusões e o trabalho futuro.

Dedicado aos meus respeitáveis pais, honrados professores e adorável família

Abreviaturas

SONET	Synchronous optical network
ARPC	Average revenue per client
DDF	Digital distribution frame
CO	Central office
ONU	Optical network unit
OLT	Optical line terminal unit
OFAN	Optical fiber network
CATV	Cable TV
CNMS	Central network management System
PTCL	Pakistan Telecommunication Company Limited

Resumo

Os tempos modernos são a era excelente das telecomunicações e também um desafio para o prestador de serviços no que respeita à prestação de serviços aos utilizadores finais. Mas todo o cenário moderno exigiu mudanças rápidas nas redes de telecomunicações para satisfazer as necessidades das empresas clientes, passando do sistema de fios de cobre comum para o sistema ótico, que incorpora a tecnologia mais recente devido ao crescimento gigantesco e à procura de débito de dados. Com o desenvolvimento da nova rede, a descentralização das centrais locais deu lugar à implantação de minicentrais que se encontram em locais distantes. As ameaças à segurança dos equipamentos aumentaram no Paquistão e criou-se uma nova situação de desafio.

O principal objetivo do trabalho de investigação proposto é fornecer um design económico para reduzir o roubo de segurança no equipamento de telecomunicações, unidades de rede ótica (ONU), com base em mensagens instantâneas no telemóvel em caso de roubo

Capítulo 1

Redes de acesso ótico

O avanço rápido e fantástico no domínio das telecomunicações é excecional desde as últimas décadas, o que provoca um aumento súbito do fluxo de dados, tanto a nível local como a longa distância. Se o facilitador de rede continuar a praticar a forma normal de fornecer o serviço no modo de sistema de fio de cobre, então a procura do cliente empresarial de uma enorme quantidade de dados não será recompensada e o pior cenário para o declínio da indústria das telecomunicações está para vir. Esta situação alarmou e preparou os facilitadores de serviços de rede para se prepararem para um novo desafio. Através de um investimento de capital cada vez maior na velha tecnologia de equipamentos e redes de telecomunicações, a indústria das telecomunicações será capaz de gerar mais receitas e oferecer a melhor solução para o fabuloso aumento da grande quantidade de estatísticas de tráfego a partir de uma escolha de serviços de aplicação como o telefone fixo, a banda larga e os serviços de Internet, a procura de vídeo em streaming e a videoconferência, etc. Os fornecedores de serviços de rede adoptam uma nova linha de ação para abordar as seguintes questões.

A melhor utilização possível dos actuais recursos das redes para as rápidas mudanças nas telecomunicações e na atitude do cliente é a primeira grande questão.

A enorme procura de largura de banda é a segunda questão que está a provocar a substituição das redes antigas por redes ópticas, carregadas com a máxima capacidade para satisfazer as exigências dos indivíduos

A agregação de vários serviços através do perfil de transporte de comutação de etiquetas multiprotocolo (MPLSTP) para a rede de transporte. Foram desenvolvidas novas técnicas de comutação para fazer face à enorme quantidade de tráfego de entrada. A utilização de tais redes convergentes permite minimizar o custo de comutação por bit.

Todas as questões acima mencionadas exigem uma análise cuidadosa por parte dos planeadores e projectistas de redes para prever a procura futura e a rápida exploração de novas redes executadas para substituir as redes convencionais.

Assim, a implantação de uma rede ótica torna-se necessária para o fornecedor e o prestador de serviços. No início de 1980, a tecnologia de cabos de fibra ótica revolucionou a transmissão de dados. A base desta tecnologia são os dois tipos de transmissão: síncrona e assíncrona.

1.1 Redes assíncronas

As redes em forma assíncrona tornaram-se o primeiro modo de redes digitais. Os elementos individuais dos nós na rede assíncrona utilizam a sua fonte de relógio interna e enquadram o seu sinal de transmissão. Uma vez que cada relógio tem um certo desvio, a informação transmitida e recebida sofre uma grande alteração no tempo, o que provoca frequentemente um erro na codificação dos bits.

1.2 Redes síncronas

Nas redes ópticas existe a necessidade de criar uma fonte de relógio de tempo comum para todos os NE's nas redes para fazer padrões de sincronização e tais redes levaram à criação da rede ótica síncrona (SONET). A SONET mantém o padrão de taxas de linha, esquemas de codificação, funcionalidade de manutenção e operação de redes e taxa de bits. Os diferentes tipos de elementos de rede exigidos pelas arquitecturas de rede dos fornecedores são também definidos pela SONET

1.3 Rede de acesso

O utilizador final recebe e envia a informação através das redes de acesso, que são consideradas como a parte fundamental das redes de comunicação. A importância das redes de acesso nunca pode ser ignorada e o seu papel está a tornar-se cada vez mais crítico e importante, embora os métodos de transporte de dados e informações possam estar a mudar de dia para dia.

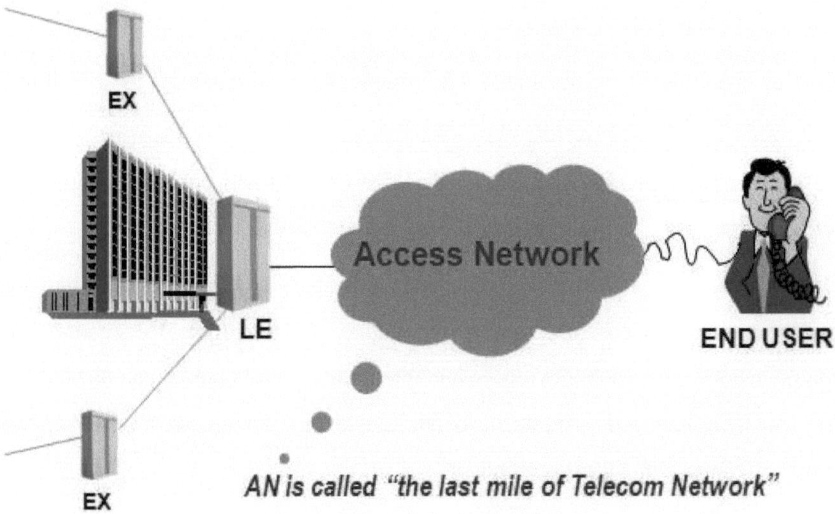

Fig. 1: Redes de acesso genéricas

Os nós e o padrão de ligações dentro dos nós são as partes principais das redes de acesso. Os dados e a informação entre os nós, através das ligações, são transmitidos a uma taxa de dados mais elevada para cobrir uma maior largura de banda, especialmente quando se trata de uma grande distância de um ponto a outro. O utilizador final recebe os serviços de comunicação através da rede de acesso local externa, que constitui a parte fundamental da comunicação [1-4]. O valor do lucro líquido foi aumentado através da prestação de um melhor serviço aos clientes, de acordo com o seu peso, através de um acesso proficiente [5]. Devido à concorrência no mercado, os fornecedores de serviços de telecomunicações regem-se pelos seguintes pontos principais

• Uma concorrência cada vez maior no mercado conduz a uma melhor qualidade e variedade de serviços.

• O valor da receita média por cliente (ARPC) é aumentado através do fornecimento de serviços de valor acrescentado e da redução dos custos de manutenção

• O nível de satisfação dos clientes empresariais foi melhorado na rede e a frequência das queixas dos clientes foi reduzida.

• Envio e receção de sinais de e para a extremidade dos utilizadores para facilitar a criação, manutenção e desmontagem de ligações

• Prestação de alguns serviços adicionais de valor acrescentado, como a chamada para despertar, a chamada para a linha de apoio e a faturação de informações, etc.

No cenário atual, os fornecedores de rede estão a deparar-se com um estrangulamento na prestação de serviços externos para muitos serviços dos fornecedores de telecomunicações modernos, devido às seguintes forças ocultas: pequena distância de convergência, limitação da largura de banda, custo de manutenção e complexidade estrutural. A figura 2 mostra o seguinte

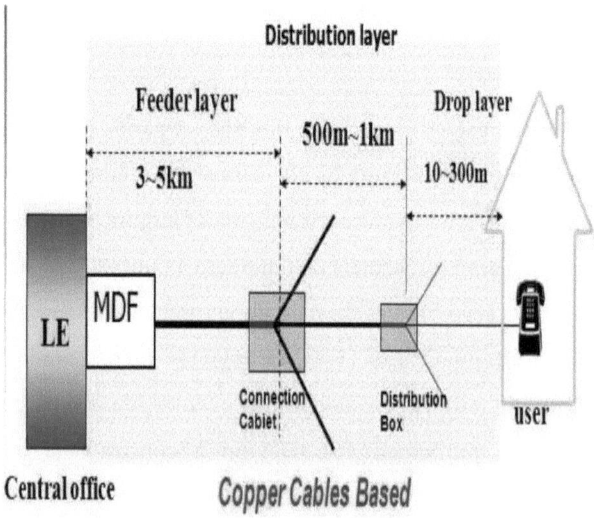

Fig.2: Rede de acesso baseada em cobre

1.4 Tipos de redes de acesso

As seguintes categorias mais amplas de redes estão a funcionar em diferentes cenários para a realização da tarefa dos fornecedores de redes

1.4.1Rede de acesso com fios ou rede de acesso tradicional.

O meio com fios é também conhecido como meio guiado ou sistema de fios de cobre e fibra ótica. Este tipo divide-se ainda nos seguintes sistemas com fios

1.4.1.1 Par trançado de fios

O par de fios torcidos é o meio mais popular que está a ser utilizado na indústria telefónica e é muito mais barato do que qualquer outro meio e utilizável a longo prazo. O sistema de fio de cobre contém os fios de cobre isolados e dispostos em espiral regular. Um par de fios pode ser utilizado para uma única ligação de comunicação.

Para cobrir grandes distâncias, estes pares são agrupados para formar um cabo e são reforçados com uma bainha de proteção. No sistema de instalação externa, cada utilizador das suas instalações está diretamente ligado à central local através de pares entrançados.

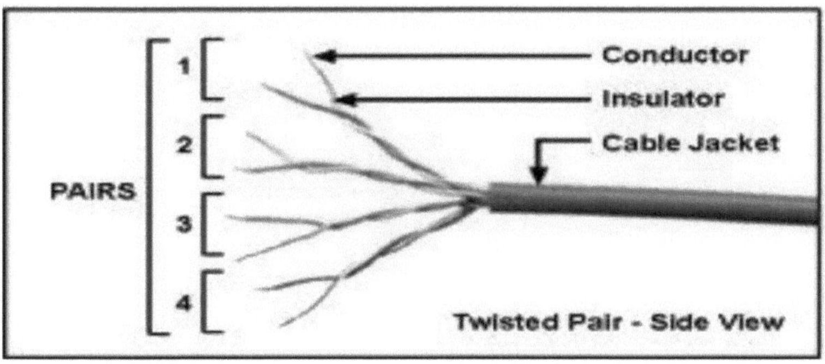

Fig.3: Pares de cabos torcidos

Os pares de fios torcidos também podem ser utilizados como meio comum para a transmissão digital. O cabo torcido divide-se ainda em vários cabos blindados e não blindados. O quadro seguinte apresenta uma comparação dos cabos torcidos

	dB por 100 m Atenuação		**dB por 100 m Atenuação**	
Frequência	UTP para a categoria 3	UTP para Categoria 5	UTP para a categoria 3	UTP para Categoria 5
1	2.7	2.5	42	63
4	5.7	4.4	35	54
16	13.5	8.4	25	45
25		10.7		42

Tabela 1: Comparação de diferentes cabos UTP com frequências

1.4.1.2 Cabo Coaxial

Para cobrir uma vasta gama de largura de banda, é utilizado um outro meio guiado, designado por cabo coaxial, que consiste em dois condutores, mas que é estruturalmente diferente do condutor de fio interior dos pares torcidos que envolve um condutor exterior oco. O diâmetro do cabo coaxial varia entre 1 e 25 cm, o que reduz os problemas de diafonia e interferência devido à sua construção, em comparação com o cabo torcido. É utilizado nos seguintes domínios

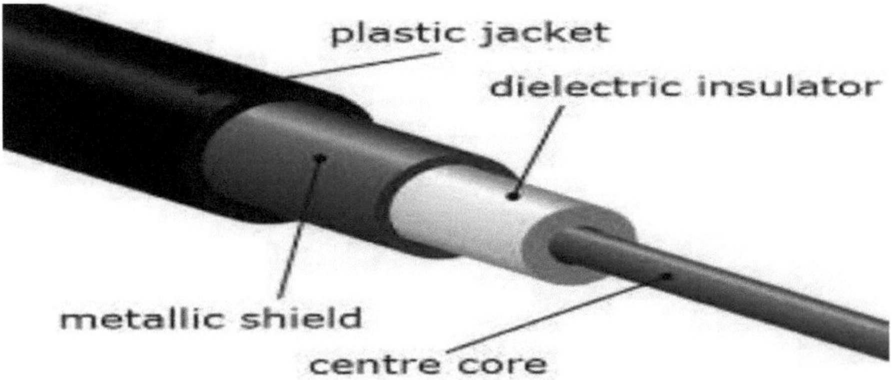

Fig.4: Estrutura do cabo coaxial

- Sistema informático para tiragens mais curtas
- As redes de televisão por cabo são maioritariamente constituídas por cabos coaxiais
- Sistema de lacete local
- Transmissão a longa distância

1.4.2Rede de acesso não guiado

Nos meios sem fios, o envio e a receção de informações são efectuados pelo sistema de antenas. No modo de transmissão, a antena irradia o sinal para o ar e no modo de receção, a antena recebe as ondas de energia do meio envolvente. A comunicação sem fios é omnidirecional ou direcional. As redes de acesso sem fios são

- AMPS
- GSM
- CDMA
- Wi-MAX

As comparações dos sistemas são apresentadas nos quadros

	Gama de frequências	Atenuação	Atraso	Espaçamento do repetidor
Par trançado	0 - 4 kHz	0,3 dB/km a 1 kHz	60ps	3Km
Cabo multi-tecido	0 -1 MHz	2,9 dB/km a 1 kHz	6ps	2Km
Cabos coaxiais	0- 500 MHz	8 dB/km @10 MHz	4ps	2 -8 Km
Cabo de fibra ótica	170 -390 THz	0,3 - 0,6dB/km	4,9ps	50Km

Tabela 2: Comparações de diferentes frequências com atraso e atenuação

1.4.3Base de fibra ótica Rede de acesso

Atualmente, as redes são principalmente utilizadas pelo sistema de fibra ótica, que é um meio flexível e fino. A fibra ótica pode ser fabricada com uma variedade de materiais plásticos e de vidro.

É menos dispendiosa e altamente utilizável para redes de longo curso, de curta distância e centrais. As fibras ópticas têm como partes principais o núcleo, o revestimento e a capa. O sinal de transmissão na fibra ótica é codificado pelo fenómeno da reflexão interna total. O seguinte sistema de fibra ótica em acesso está a funcionar

- Ligação direta da fibra às instalações individuais
- Ligação da fibra ao ambiente empresarial.
- Fibra para algum edifício de partilha

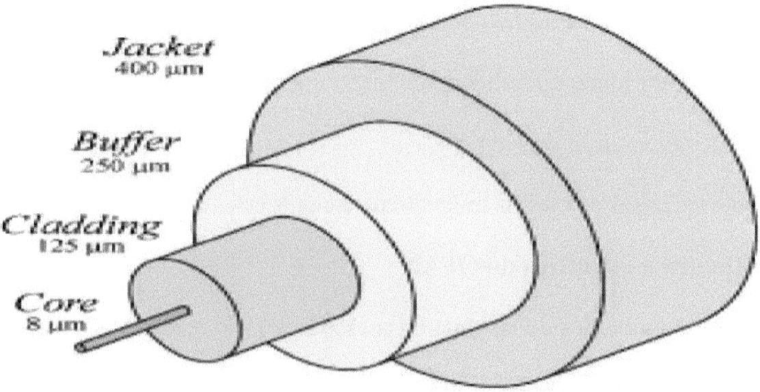

Fig.5: Construção de um cabo de fibra ótica

1.5 Rede de acesso em modo ótico (OFAN)

Os tipos de rede de acesso que utilizam os raios de luz ótica para a receção e transmissão de dados através da indução da tecnologia de fibra ótica são conhecidos como OFAN [6-10]. A largura de banda global no sistema de tecnologia ótica ou redes de acesso ótico aumentou até vários Giga bits por segundo (Gbps).

As principais intenções resumidas das redes de acesso, como a fibra ótica, são

- Melhoria da fiabilidade e das caraterísticas do serviço.
- O fornecimento de largura de banda torna-se flexível de acordo com a procura.
- A baixo custo, a melhor qualidade de serviço é fornecida durante todo o ciclo de vida.
- O sistema pode ser fornecido não só para os serviços necessários atualmente, mas também para a procura futura e outros serviços como POTS e dados de banda estreita.

A substituição da rede de acesso em fio de cobre por um sistema ótico é causada pelos seguintes pontos principais.

- A expansão do sistema não é apenas fácil, mas também económica
- As mudanças são adaptáveis devido à flexibilidade das redes.

- O comprimento do aro é aumentado devido ao maior espaçamento entre repetidores
- Aumento da fiabilidade e facilidade de manutenção
- Prolongamento do ciclo de vida
- Negar ou minimizar os efeitos magnéticos e eléctricos

1.6 Arquitetura e estrutura do OFAN

Os principais componentes do sistema de acesso ótico são resumidos a seguir:

1.6.1Unidades terminais de linha ótica

A OLT é montada nas instalações do prestador de serviços, sendo o principal exemplo o edifício da companhia telefónica ou da central local, perto do centro de comutação de uma empresa e nas extremidades do fornecedor de rede de televisão por cabo. Estão disponíveis vários tipos de interfaces, como a interface E1/V5, que é utilizada para ligar a OLT à central telefónica local principal ou ao repartidor digital (DDF) e também para ligar o operador de televisão por cabo à fonte de sinal CATV através de um cabo coaxial.

As principais funcionalidades da OLT são descritas como [11]

- Estabelecimento de interface entre a rede ótica e a rede normal
- A OLT é colocada no local mais importante e mantém a qualidade do serviço
- O fornecimento flexível e dinâmico da atribuição de largura de banda
- São gerados diferentes tipos de alarmes para as ONU's, como corte de fibra, falha de energia e leitura de temperatura, etc.
- Os diferentes comprimentos de onda para enviar e receber os dados de e para as ONU são também a função central fornecida pela OLT.

1.6.2Unidade de rede ótica

As diferentes áreas físicas para a instalação das ONU's são utilizadas para a execução dos serviços ao cliente, muito provavelmente no bairro, dentro do edifício de escritórios, apartamentos ou perto da área residencial [12-14]. Os utilizadores dos serviços de telefone, banda larga e smart TV, etc., são ligados aos lados do cliente das ONU's diretamente através do fio ou cabo de par trançado de diferentes categorias para satisfazer a procura dos clientes de acordo com as suas necessidades.

De acordo com o planeamento e a conceção dos serviços e da rede, foram criadas várias hierarquias de estrutura da formação das ONU na área geográfica, como a tipologia em malha, estrela, árvore e anel, que proporcionaram a base de comunicação entre as ONU e o OLT.

A tecnologia de transmissão como a hierarquia plesiocrónica, DWDM e SONET ou SDH pode ser imposta para a comunicação em rede da tipologia ONU [15, 16]. As interfaces disponibilizadas pela ONU para a diversidade de serviços são as seguintes

- Z interface imposta para os serviços da Plain old telephone customer.
- Os clientes necessitavam de serviços digitais, como uma taxa de dados primária de 30 canais, um canal para sinalização e 2 canais para dados e o canal de sinal utilizava a interface U.
- Nx64kbps utilizou a interface V.24-V.35 para diferentes assinantes
- A interface de cabo coaxial sob a forma de E1 é utilizada para a linha dedicada mais comum de débito de dados de 2 Mbps.
- Os operadores de CATV ligavam os sinais por cabo coaxial à interface CATV
- A interface FE fornece uma taxa de dados elevada de 10 Mbps/100 Mbps

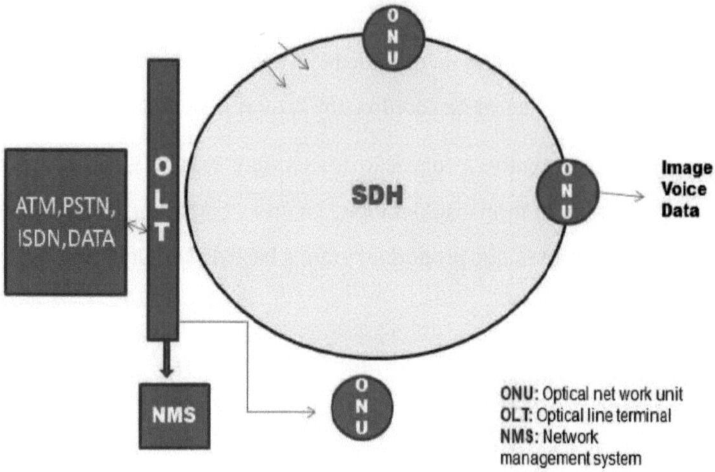

Fig.6: Rede de acesso em modo ótico

Capítulo 2

Risco de segurança da ONU

2.1 Declaração do problema

A implantação das redes ópticas aumentou o valor do lucro líquido para o fornecedor da instalação da rede devido à redução das despesas de infraestrutura e manutenção, mas a segurança e a proteção do sistema de cabos de fibra ótica montado longe do causou o problema de segurança. Um dos principais impérios do sector das telecomunicações no Paquistão é a Pakistan Telecommunication Company Limited (PTCL), que fornece todos os tipos de serviços telefónicos, de banda larga e de Internet e cobre uma vasta gama de áreas, desde urbanas a rurais. Os instrumentos estão instalados no exterior, em mini-intercâmbios, e a questão da segurança vital e o roubo de equipamentos dignos, como baterias, cartões de controlo e de serviços, resultaram em perdas de milhares de milhões de rupias. Este problema surgiu devido à falta de proteção suficiente do equipamento.

O objetivo principal deste trabalho de investigação proposto é produzir um sistema de hardware de módulo de segurança automático baseado em si próprio (ASSM) seguro, protegido e de baixo custo. O novo sistema de segurança não só será instalado no sistema atual, mas também se tornará uma parte obrigatória de todos os novos equipamentos de telecomunicações para melhorar a segurança. O sistema terá o melhor desempenho nas situações em que o sistema de gestão da rede não consegue emitir alarmes nos terminais de monitorização do sistema de fibra devido a falha de energia, corte do cabo de fibra ou alguma ação maliciosa para reduzir o risco de segurança.

2.2 Técnicas de segurança actuais

Para efeitos de segurança, foram utilizadas as seguintes técnicas

2.2.1CCTV

As redes de televisão em circuito fechado (CCTV) para proteção do corpo são as tecnologias mais utilizadas. O CCTV baseado na Internet floresceu na sociedade devido à expansão da Internet [16, 17]. A prevenção do crime é agora regularmente monitorizada e controlada pela utilização do CCTV.

A estrutura de CCTV é constituída por câmaras de vigilância, ligadas a um servidor central para monitorização das imagens, bem como pelo cliente. O canal de comunicação na estrutura de CCTV é uma rede com ou sem fios para a monitorização de um determinado local para segurança e análise das imagens.

Os componentes básicos da formação CCTV são a câmara de inspeção, o servidor de controlo de imagem para monitorização da imagem, o servidor de controlo de acesso para identificação, o telemóvel, o computador de secretária e o computador portátil.

O desempenho do sistema de CCTV, utilizando a moderna tecnologia de processamento e a técnica auto-automatizada, é excecional para um maior controlo da segurança e da proteção. A segurança física de determinados locais ou equipamentos torna-se tão fácil, eficiente e simples com a utilização da tecnologia CCTV e reduz os recursos

2.2.2Técnicas de biometria

As técnicas biométricas são uma tecnologia dominante que tem sido amplamente utilizada na segurança das prisões, no sistema de controlo de acesso seguro e na investigação forense [18-20]. O reconhecimento de alguém é determinado principalmente por alguma caraterística biológica que é identificada com base num sistema de reconhecimento de padrões e a autenticação é concedida. Para fins de segurança, a tecnologia biométrica é utilizada num sistema de controlo de acesso. As caraterísticas humanas que mostram a singularidade do indivíduo são utilizadas nos sistemas biométricos mais recentes para identificação. Algumas delas são:

- Padrão do trato vocal e da voz
- Impressão digital
- Geometria da mão
- Retina do olho

- Sinal de marcação

2.2.3Sensores de porta

Os sensores de porta também são utilizados para aplicações de segurança [21-22] e, quando alguém abre ilegalmente a porta sem aviso prévio, são gerados alarmes para indicar o roubo. Os sensores de porta são fáceis de instalar e gerir e podem ser utilizados em certa medida para fins de segurança.

2.3 Metodologia de investigação proposta

O objetivo desta investigação é a conceção e o desenvolvimento de uma nova estrutura de hardware que será integrada no sistema de telecomunicações existente para a auto-segurança automática em tempo real. O trabalho de investigação proposto será dividido em software (reorganização facial) e hardware.

- Circuitos detectores de remoção não autorizada de equipamentos.

- Microcontrolador para o controlo de todas as operações.

- Módulo GSM para interface e comunicação de mensagens de furto às entidades competentes para evitar o furto de equipamentos dispendiosos

- Telemóvel para o qual a mensagem de roubo é recebida

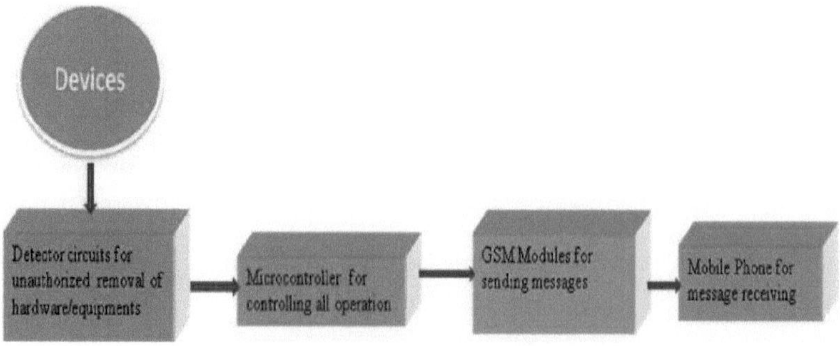

Fig.7: Metodologia de investigação proposta

2.3 Resumo

Todas as técnicas de segurança actuais apresentadas neste capítulo funcionam de forma autónoma, o que significa que os alarmes fixos são gerados nos mesmos locais onde as técnicas são implementadas e que não é possível atender ou analisar os alarmes críticos a partir de um ponto distante. Assim, a solução proposta resolverá estes problemas, notificando os alarmes de risco sob a forma de mensagens instantâneas ao grupo de segurança em causa.

Capítulo 3

Estrutura de hardware do módulo de segurança

No capítulo anterior, foi descrita a metodologia de investigação proposta, que consiste em partes de software que significam o algoritmo de reconhecimento facial e a sua adaptação do valor do classificador para diferentes números de imagens de forma automática, funcionam como circuitos detectores e partes de hardware para gerar mensagens de alarmes críticos.

3.1 Principais componentes de hardware

T s principais componentes de hardware, que são peças essenciais para o desenvolvimento de um módulo automático de auto-segurança, são explicados nesta secção

3.1.1Módulo GSM

Um modem GSM é utilizado para ligar o computador pessoal que controla muitos tipos de aplicações comerciais, enviando e recebendo mensagens através da interface do modem. É necessário um cabo USB ou de série para a comunicação entre o modem e o PC. O módulo utilizado neste projeto é o Sim900D fabricado pela simcom. O módulo Sim900D funciona em todas as bandas de frequência como um telemóvel normal. Qualquer cartão SIM de operador de rede que suporte GSM pode ser utilizado no módulo para estabelecer a sua ligação para transmissão. A operação de comunicação entre o modem e a interface do PC é controlada principalmente por comandos AT. Os módulos GSM são utilizados para manter um conjunto de comandos alargados juntamente com o conjunto de comandos AT normalizados. O formato GSM específico é utilizado para executar estes comandos AT alargados. As seguintes funções podem ser executadas através de comandos AT alargados

- As mensagens podem ser lidas, escritas ou apagadas.
- O envio de mensagens de texto é efectuado através de comandos AT.
- A intensidade do sinal pode ser visualizada através dos comandos.

- O estado de carga da bateria e o nível de carga também podem ser monitorizados.
- As entradas das listas telefónicas são pesquisadas.

Fig.8:Módulo GSM SIM900

3.1.2Microcontrolador 89C51

O 89C51 é um microcontrolador CMOS de 8 bits utilizado no projeto devido às seguintes caraterísticas principais

- Solução de alto desempenho e económica para muitas aplicações
- Facilmente disponível
- Baixo consumo de energia
- Preço baixo.

3.1.3IC Max232

O MAX232 é um circuito integrado popularmente utilizado para efetuar a comunicação em série entre qualquer classe de microcontroladores e computadores (PC). Na comunicação em série, o Max232 é inserido para converter a tensão da lógica TTL/CMOS em níveis lógicos RS232. O funcionamento do microcontrolador baseia-se na lógica TTL (Transistor Transistor Logic), cujo nível de tensão se situa entre 0 e 5V, ao passo que o nível de tensão de um PC se situa entre -25 e +25V, conhecido como nível RS232. Na conceção do módulo de segurança, são utilizados dois max232, um para a comunicação com o PC ou o computador portátil para obter informações após a identificação do rosto e outro para estabelecer a comunicação com o modem GSM

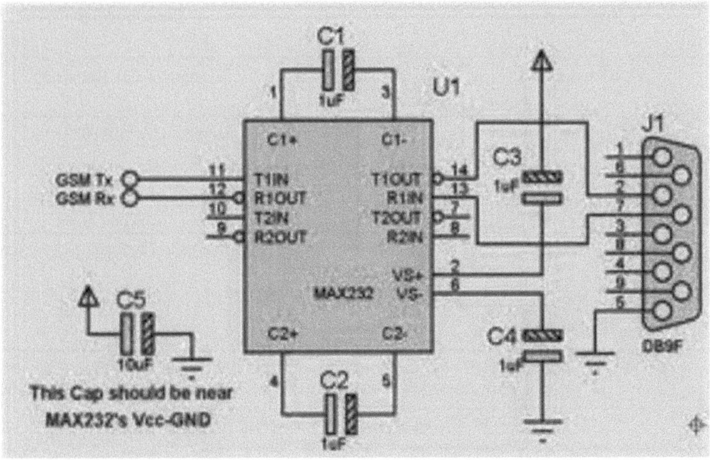

Fig.9:Diagrama do circuito Max232

3.2 Comandos AT

Os comandos AT são um protocolo para a comunicação entre o microcontrolador e o modem GSM através da porta série. As mensagens de alerta de roubo são enviadas através destes comandos AT para o modem para envio de mensagens instantâneas. O conjunto dos vários comandos utilizados está disponível para diversos fins. Algumas das utilizações mais comuns destes comandos são mencionadas na tabela seguinte.

Comandos	Descrição
AT+CGMM	Número do modelo
AT+CGMI	Nome do fabricante
AT+CGMR	Versão do software
AT+CSQ	Intensidade do sinal de rádio
AT+CMGS	Envio de dados
AT+CMGR	Data de leitura

Tabela 3: Comandos AT e sua descrição

3.3 Interface de diferentes componentes de hardware

As interfaces de todos os componentes essenciais são mostradas abaixo no diagrama esquemático. A parte central dos componentes é o microcontrolador 89C51, no qual o ficheiro Hex do programa C é gravado para interligar os comandos provenientes do PC/Laptop após a conclusão do processo de reconhecimento facial através da porta DB-9 e os resultados são compilados no controlador de acordo com a comunicação de série e a ação é executada e a mensagem crítica é enviada novamente através da porta de série reservada para a comunicação do modem GSM. Os dois Max232 foram instalados no diagrama esquemático para duas comunicações em série. Um conversor de nível de tensão utilizado para a transmissão de comunicações em série entre o microcontrolador e o software de reconhecimento facial e o outro Max 232 é utilizado para a tomada de transmissão colocada entre o controlador e o modem GSM para mensagens instantâneas.

No microcontrolador 89C51 só está disponível uma porta de série, pelo que o lado TX do controlador está ligado ao módulo GSM, enquanto o lado RX é enviado através do conversor de nível de tensão para o outro PC no qual está a funcionar o software de identificação facial.

A opção de diferentes SPDT comutados também é fabricada no projeto e muitos dispositivos como alguns cartões, baterias e outros dispositivos importantes de ligação também podem ser impostos através dos interruptores. O número de LED's de cores diferentes também dá a indicação de diferentes tipos de comunicação e de determinada ação ou resposta por parte do microcontrolador.

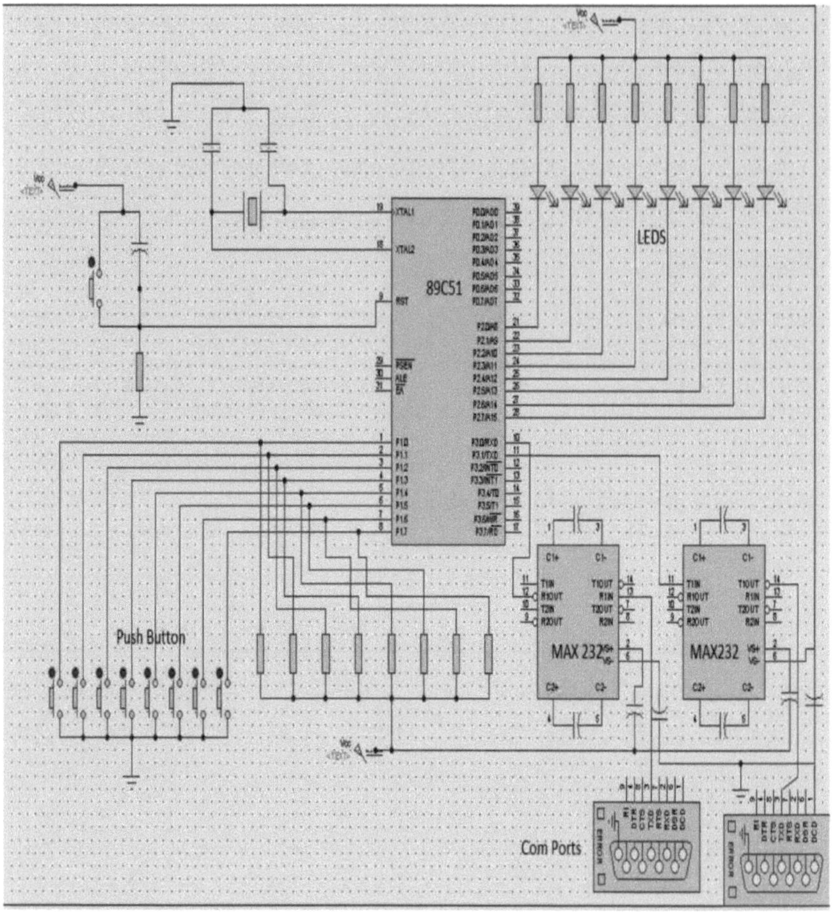

Fig.10: Diagrama esquemático

3.4 Hardware completo para a proteção da segurança

O hardware completo para a proteção de segurança é apresentado a seguir. O hardware executa a função quando a face de entrada é carregada e a ferramenta de simulação MATLAB gera o resultado e a comunicação em série tem lugar entre o microcontrolador e o GSM mdem. Se a face de entrada for reconhecida, então não é gerada qualquer mensagem de alarmes críticos, caso contrário os alarmes são enviados para a célula em causa para indicação do risco de segurança

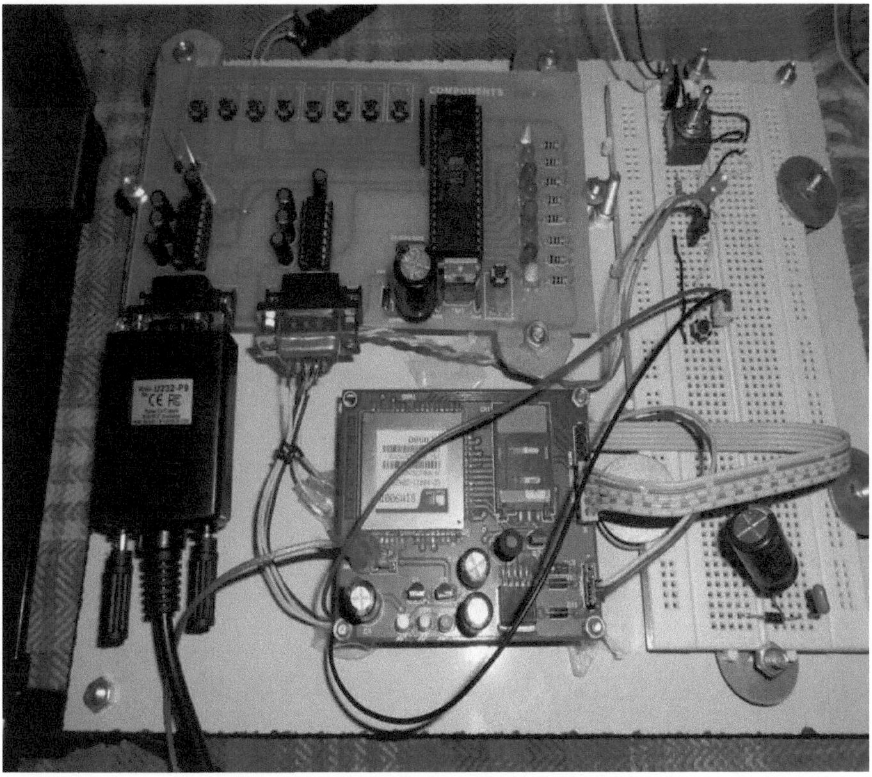

Fig.11: Diagrama completo do hardware

Capítulo 4

Otimização do limiar de reconhecimento de faces

No capítulo anterior, as partes do hardware foram explicadas de forma sucinta. Quando o processo de reconhecimento facial está concluído, a comunicação em série dos simuladores (nos quais o processo de reconhecimento facial é executado) para a parte de hardware tem lugar para gerar a mensagem crítica para a autoridade competente para as medidas preventivas. Este capítulo demonstra o desenvolvimento completo do software em MATLAB baseado na análise de componentes principais (PCA) [23]. Um rosto é um modelo complicado de espaço visual multiarray e a formação de um modelo computacional para a identificação de rostos é sempre uma tarefa difícil. A Análise de Componentes Principais é uma das técnicas mais prósperas que foram desenvolvidas e utilizadas no reconhecimento de imagens. A PCA funciona com base num método estatístico de procedimentos Eigen. O objetivo central da PCA é minimizar as enormes dimensões dos dados do espaço vetorial para as dimensões essenciais menos significativas que descrevem as variáveis de valor do espaço caraterístico que são independentes e não correlacionadas.

4.1 Análise de componentes principais

Um procedimento matemático de análise de componentes principais[24] baseado em técnicas de vectores próprios que impõem uma transformação ortogonal para traduzir o conjunto de valores de M imagens de faces provavelmente correlacionadas num conjunto de valores de K variáveis não correlacionadas, denominadas faces próprias.

O número que representa as faces Eigen é sempre inferior ou igual ao número de imagens de faces originais, ou seja, $K < M$.

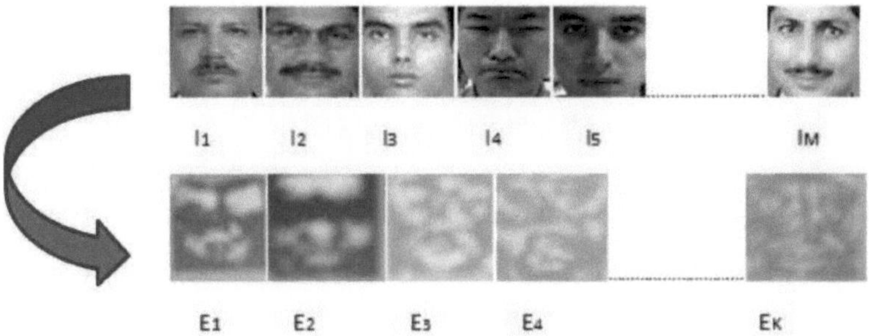

Fig.12: Imagens e faces Eigen associadas

Uma vez que os componentes principais apresentam sempre a direção ou as caraterísticas mais importantes da variável correlacionada com o conjunto de dados e cada componente anterior apresenta menos direção e mais ruído indesejado.

Assim, apenas foram selecionados os primeiros K componentes e descartados os restantes devido à sua menor importância.

Estes componentes K selecionados representam totalmente o conjunto de dados original (imagens de rostos) porque ilustram as principais caraterísticas faciais ou a direção que compõe o conjunto de dados.

Assim, cada imagem de rosto nas bases de dados de treino originais ou na imagem problemática pode ser reconstruída em termos destas K partes de componentes principais e pode ser ilustrada pela figura abaixo mencionada.

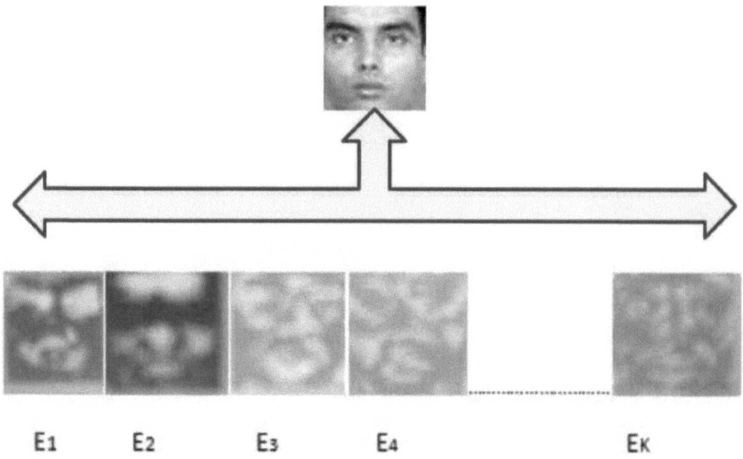

Fig.13: Imagem reconstruída a partir das faces Eigen

4.2 Conjunto de vectores de superfícies próprias Metodologia

As técnicas espaciais de vectores de faces próprias são uma abordagem satisfatória para a implementação no reconhecimento de rostos devido à sua facilidade, melhoria e competência erudita. Os vectores próprios são compostos pelos conjuntos de vectores de faces próprias utilizados no problema de visão por computador do reconhecimento de padrões únicos de rostos humanos. Esta técnica é conhecida como uma metodologia baseada na aparência para obter caraterísticas idênticas do rosto e a variação das caraterísticas deve ser utilizada para comparação e codificação. O enorme espaço multidimensional deve ser convertido num espaço menor através do cálculo do vetor Eigen baseado no cálculo da álgebra linear

4.3 Reconhecimento de faces pelo método Eigenface

Os procedimentos de reconhecimento da face baseados no método Eigen [25] e no algoritmo de adaptação do valor de classificação que foi desenvolvido no MATLAB consistem nos seguintes passos principais

Cada imagem de rosto, que é basicamente um conjunto de vectores de duas dimensões, é transformada num vetor coluna para simplificar a operação de manipulação.

$$(\mathrm{Im})_i = \begin{bmatrix} y_{11} & y_{12} & \cdots & y_{1N} \\ y_{21} & y_{22} & \cdots & y_{2N} \\ \vdots & \vdots & \ddots & \vdots \\ y_{N1} & y_{N2} & \cdots & y_{NN} \end{bmatrix}_{N*N} \quad (1)$$

$$\mathrm{T_i} = \begin{bmatrix} \mathrm{y_{11}} \\ \vdots \\ \mathrm{y_{1N}} \\ \vdots \\ \mathrm{y_{2N}} \\ \vdots \\ \mathrm{y_{NN}} \end{bmatrix}_{\mathrm{N^2*1}} \quad (2)$$

Os dados de todas as imagens são concatenados numa grande matriz cujo número de colunas é igual ao número de imagens utilizadas no conjunto de dados de reconhecimento de faces. Em seguida, calcula-se a média ou o vetor médio da face da grande matriz de todas as imagens.

$$Average\ face\ vector\ (\Psi) = \frac{1}{M}\sum_{i=1}^{M} T_i \quad (3)$$

A face média é subtraída de cada vetor de colunas de faces para obter um conjunto de vectores. O objetivo de subtrair a imagem média de cada vetor de imagem é obter apenas as caraterísticas distintivas de cada face e descartar as caraterísticas comuns por simplicidade.

$$\Phi_{i=} \ T_i - \Psi \quad (4)$$

Depois disso, a obtenção da matriz de covariância é essencial para o procedimento matemático posterior e para a seleção dos melhores *K* vectores próprios.

$$Covariance\ matrix = L^T\ L \quad (5)$$

$$L=[\ \Phi_1\ \Phi_2\ \ldots\ldots\ldots\ldots\ \Phi_M\ ] \quad (6)$$

Depois de cada imagem de rosto no conjunto da base de dados menos a média, um conjunto de dados vectoriais pode ser apresentado como vectores próprios da combinação linear. O passo seguinte é calcular o peso de cada vetor próprio.

$$\Phi_i = \sum_{j=1}^{k} w_j \; u_j \tag{7}$$

A cada imagem de treino normalizada é apresentada a base de um vetor. Isto dá a direção para encontrar um vetor correspondente a cada imagem no conjunto de treino e armazená-lo para cálculo.

Os vectores próprios são calculados para o conjunto de imagens de treino e os respectivos pesos, após a utilização de um conjunto de faces próprias mais dominantes, e estes vectores são armazenados de acordo com cada face.

$$w_j = u_j^T \Phi_i \tag{8}$$

$$\Omega_i = \begin{bmatrix} w_1 \\ w_2 \\ \vdots \\ w_k \end{bmatrix} \tag{9}$$

4.4 Tarefa de reconhecimento de imagens problemáticas

Para determinar uma face desconhecida a ser reconhecida, projecte esta face normalizada no espaço vetorial (a coleção de Eigenvectors/faces) e descubra os pesos correspondentes. As imagens problemáticas podem então ser simplesmente classificadas para efeitos de reconhecimento.

$$\Omega = \begin{bmatrix} w_1 \\ w_2 \\ \vdots \\ w_k \end{bmatrix} \tag{10}$$

A distância da face desconhecida é encontrada com base no cálculo acima referido, o que significa que pegamos no vetor de peso da imagem problemática e encontramos a sua distância com os vectores de peso associados a cada uma das imagens de treino.

$$\text{Dis} = min\|\Omega - \Omega_i\| \tag{11}$$

4.5 Algoritmo para otimização de limiares

O valor do limiar é determinado a partir da distância de cada imagem na imagem vetorial space e se a distância da imagem problemática de entrada com o espaço vetorial for superior ao valor do limiar, então a imagem não é reconhecida e é uma imagem desconhecida e se o valor da distância for inferior ao valor do limiar, então a face que é projectada no espaço vetorial é uma imagem conhecida.

Algoritmo.1 Otimização do limiar através do histograma

Exigir: M - Uma lista de imagens

For image in N **do**

histograma (imagens) max (histograma) **end for**

A adaptação do valor de limiar no processo de reconhecimento de faces é crítica e é determinada com base nas distâncias lineares de cada imagem de face do espaço vetorial desenvolvido pelo conjunto de imagens de treino de toda a base de dados. O algoritmo baseado em PCA, como mencionado acima, é desenvolvido em MATLAB, que ajusta automaticamente o valor de classificação da face para reconhecimento.

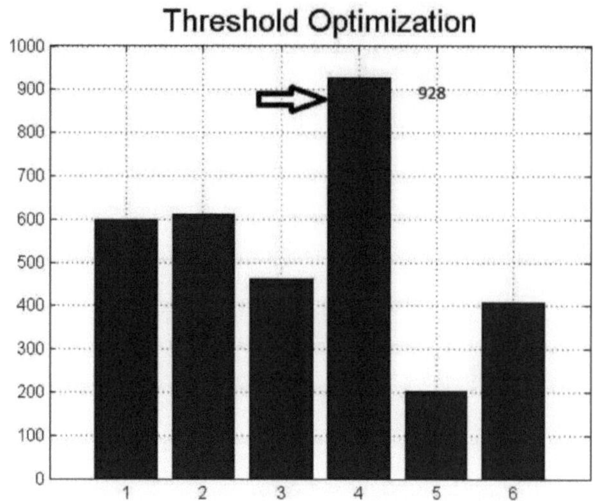

Fig.14: Valor do limiar para 6 imagens

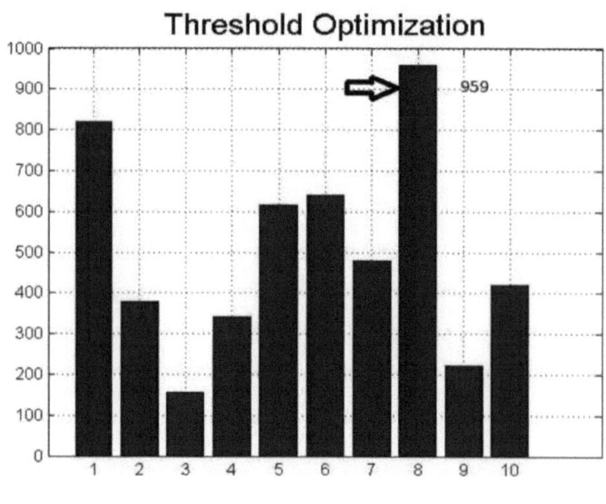

Fig.15: Valor do limiar para 10 imagens

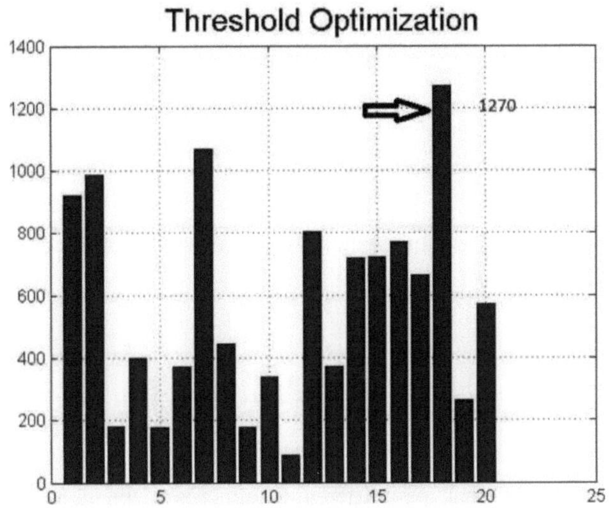

Fig.16: Valor do limiar para 20 imagens

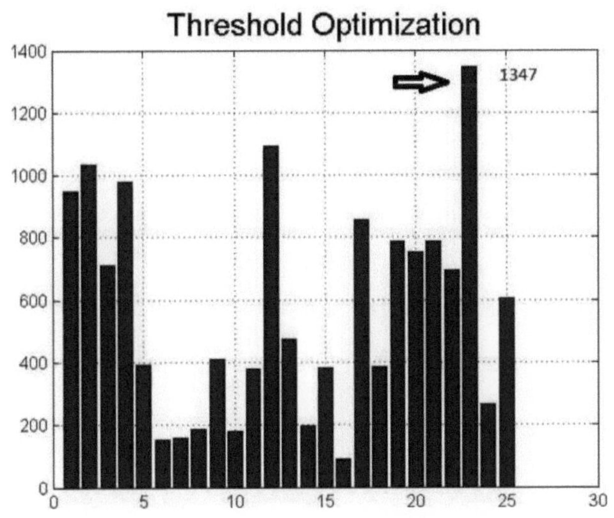

Fig.17: Valor do limiar para 25 imagens

Os gráficos de histograma acima referidos fornecem uma comparação entre o número de imagens e os respectivos valores de limiar associados, com base nos quais o rosto é reconhecido. No caso 1, foram recolhidos os dados de 6 imagens e o valor de limiar auto-otimizado de 928 foi simulado através do código MATLAB e todos os problemas de imagem que estavam a uma distância superior a este valor não são reconhecidos e abaixo deste são reconhecidos ou conhecidos. Da mesma forma, nos casos 2,3 e 4, o número de imagens e o valor de limiar associado são (10,959), (20,1270) e (25,1347).

4.6 Resumo

Neste capítulo, explica-se brevemente a parte do software desenvolvida no MATLAB para a simulação. O método PCA forneceu a base para o reconhecimento da face e o valor de otimização do limiar para diferentes números de imagens. A representação gráfica dos diferentes números de imagens e os valores de limiar associados são demonstrados.

Capítulo 5

Conclusão

O melhor sistema de segurança nas redes de telecomunicações será o resultado deste trabalho de investigação proposto, baseado na segurança automática e na conceção de geração de alarmes para minimizar a falta de risco na segurança dos elementos essenciais da rede. A nova provisão de segurança reduzirá definitivamente o tempo de falha e avaria e elevará o desempenho do fornecedor de serviços e, eventualmente, o lucro. O principal objetivo é implementar um modelo de tipo híbrido para integrar a comunicação sem fios na rede ótica no cenário existente, o que permite eliminar as ameaças à segurança, que são pontos-chave no sistema de rede ótica, quando o sistema está completamente isolado do terminal de monitorização central denominado CNMS (sistema central de gestão da rede) e não tem forma de gerar os alarmes para efeitos de monitorização.

Trabalho futuro

Captura instantânea da imagem a partir da webcam ou da câmara e, em seguida, pode ser aplicada uma técnica de processamento da imagem para a tornar adequada em termos de tamanho, resolução e nível de escala, comparando-a depois com o conjunto de imagens da base de dados de treino.

Referências

[1]V.C. Gungor, F.C. Lambert, "A survey on communication networks for electric system automation", Computer Networks, Vol. 50, NO. 3,pp877-897, 2006.

[2]ITU-T Rec. G.902, "Framework recommendation on Functional Access Networks, Architectures and Function, Access Types, Management and Service Node Aspects", Nov. 1995.

[3]HEARD I.B.: "Availability and cost estimation of secured FTTH architectures" (Estimativa da disponibilidade e do custo de arquitecturas FTTH seguras). Proc. Int. Conf. Optical Network Design and Modeling (ONDM 2008), março de 2008, pp. 158-163

[4]Ralf Hiilsermann e Christoph Lange Análise topológica da estrutura da rede de acesso/agregação em futuras redes de acesso ótico Deutsche Telekom AG, Laboratories, Goslarer Ufer 35, 10589 Berlin

[5]Y. Su, "All-optical virtual-private-network in access networks", em *Proc. LEOS,* 2007, pp. 802-803.

[6]Davey, R. P.; Payne, D. B.; Nesset, D.;Tomlinson, P.; Gilfedder, T.; Chidgey, P.; Rafel,A.: Long-reach Access and Future BroadbandNetwork economics. Conferência Europeia sobre Comunicações Ópticas (ECOC), Berlim (Alemanha), 16.-20. setembro de 2007, Bd. 3,S. 271-274

[7]Green, Jr., P. E.: Fiber to the home - The new empowerment. Hoboken, Nova Jersey: John Wiley & Sons, 2006

[8]Payne, D. B.; Davey, R. P.: Uma nova arquitetura para redes ópticas. Telektronik (2005) H. 2, S. 34-48

[9]J. J. Koponen e M. J. Soderlund, "A duplex WDM passive optical network with 1:16 power split using reflective SOA remodulator at ONU," in *OFC 2004,* Los Angeles, CA, 2004, Paper MF99.

[10] Andres Sierra, Stamatios V. Kartalopoulos "Evaluation of Two Prevalent EPON

Networks Using Simulation Methods" Programa de pós-graduação ECE/TCOM da Universidade de Oklahoma

[11] Dong-Becom Shin et al., "An ONU Design for EPON-based Access Network" The 9th APCC, Penang, Malaysia, 21-24 Sep.2003,3:1 194-1 197.

[12] G. Kramer, "The problem of upstream traffic synchronization in Passive Optical Networks" Davis, CA 95616

[13] G. Kramer, "Achieving Open Access in Ethernet PON (EPON)" Teknoiws Inc., Petahma. Califórnia, 95954

[14] Y. Chen, W. Tang, "Concurrent DWDM Multi-Mode Switching: Architecture and Research Diretions," IEEE Communications Magazine, vol. 48, no. 5, maio de 2010.

[15] Soo-Jin Park, Chang-Hee Lee, "Fiber-to-the-Home Services Based on Wavelength-Division-Multiplexing Passive Optical Network" *IEEE, Membro, OSA,* Ki-Tae Jeong, *Membro, IEEE*, Hyung-Jin Park, Jeong-Gyun Ahn, e Kil-Ho Song

[16] Byoung-Jin Han, Hyuncheol Jeong "The Privacy Protection Framework for Biometric Information in Network Based CCTV Environmen "2011 IEEE Conference on Open Systems (ICOS2011), September 25 - 28, 2011, Langkawi, Malaysia

[17] Kingsley Sage, Horsham, Stewart Young" Computer vision for security applications" (Visão computacional para aplicações de segurança)

[18] Ryan Hay SANS - GSEC Practical Track 1C 12 de novembro de 2003" Physical Security: Uma Abordagem Biométrica"

[19] Renu Bhatia "Biometrics and Face Recognition Techniques" Department of Computer Science and Applications Kurukshetra University, Kurukshetra Haryana, INDIA

[20] Biometria (sensor de impressões digitais) em http://www.atmel.com/products/Biometrics/ ,200704-10

[21] Assaf, Mansour e Mootoo, R. e Das, S.R. e Petriu, E.M. e Groza, V.Z. e Biswas, S.N. (2012) *Sistema de segurança e automação doméstica baseado em sensores.*

[22] S. S. S. Ranjit, A. F. Tuani Ibrahim, S. I MD Salim e Y. C. Wong" Door Sensors for Automatic Light Switching System" Faculdade de Engenharia Eletrónica e Engenharia Informática Universidade Teknikal Malaysia Melaka (UTeM) Durian Tunggal, Malásia

[23] M.A. Turk e A.P. Pentland, "Face Recognition Using Eigenfaces", *IEEE Conf. on Computer Vision and Pattern Recognition,* pp. 586-591, 1991.

[24] K. I. Diamantaras e S. Y. Kung, "Principal Component Neural Networks: Theory and Applications", *John Wiley & Sons, Inc.,* 1996.

[25] Prof. V.P. Kshirsagar, M.R.Baviskar, M.E.Gaikwad," Face Recognition Using Eigenfaces" Dept. of CSE, Govt. Engineering College, Aurangabad (MS), Índia.

More Books!

yes

I want morebooks!

Buy your books fast and straightforward online - at one of world's fastest growing online book stores! Environmentally sound due to Print-on-Demand technologies.

Buy your books online at
www.morebooks.shop

Compre os seus livros mais rápido e diretamente na internet, em uma das livrarias on-line com o maior crescimento no mundo! Produção que protege o meio ambiente através das tecnologias de impressão sob demanda.

Compre os seus livros on-line em
www.morebooks.shop

info@omniscriptum.com
www.omniscriptum.com

OMNIScriptum

MIX
Papier aus verantwortungsvollen Quellen
Paper from responsible sources
FSC® C105338

Printed by Books on Demand GmbH, Norderstedt / Germany